CW01573355

Logbook Belongs To

____

____

____

Date : **Session :**

Location : **GPS :**

Machine Used : **Setting :**

No	Item Found	Condition	Est. Value
1			
2			
3			
4			
5			
6			
7			
8			
9			
10			

Notes

Map

Date :

Session :

Location :

GPS :

Machine Used :

Setting :

No	Item Found	Condition	Est. Value
1			
2			
3			
4			
5			
6			
7			
8			
9			
10			

Notes

Map

Date : **Session :**

Location : **GPS :**

Machine Used : **Setting :**

No	Item Found	Condition	Est. Value
1			
2			
3			
4			
5			
6			
7			
8			
9			
10			

Notes

Map

Date : **Session :**

Location : **GPS :**

Machine Used : **Setting :**

No	Item Found	Condition	Est. Value
1			
2			
3			
4			
5			
6			
7			
8			
9			
10			

Notes

Map

Date :

Session :

Location :

GPS :

Machine Used :

Setting :

No	Item Found	Condition	Est. Value
1			
2			
3			
4			
5			
6			
7			
8			
9			
10			

Notes

Map

Date :

Session :

Location :

GPS :

Machine Used :

Setting :

No	Item Found	Condition	Est. Value
1			
2			
3			
4			
5			
6			
7			
8			
9			
10			

Notes

Map

Date : **Session :**

Location : **GPS :**

Machine Used : **Setting :**

No	Item Found	Condition	Est. Value
1			
2			
3			
4			
5			
6			
7			
8			
9			
10			

Notes

Map

Date :

Session :

Location :

GPS :

Machine Used :

Setting :

No	Item Found	Condition	Est. Value
1			
2			
3			
4			
5			
6			
7			
8			
9			
10			

Notes

Map

Date : **Session :**

Location : **GPS :**

Machine Used : **Setting :**

No	Item Found	Condition	Est. Value
1			
2			
3			
4			
5			
6			
7			
8			
9			
10			

Notes

Map

Date : **Session :**

Location : **GPS :**

Machine Used : **Setting :**

No	Item Found	Condition	Est. Value
1			
2			
3			
4			
5			
6			
7			
8			
9			
10			

Notes

Map

Date : **Session :**

Location : **GPS :**

Machine Used : **Setting :**

No	Item Found	Condition	Est. Value
1			
2			
3			
4			
5			
6			
7			
8			
9			
10			

Notes

Map

Date : **Session :**

Location : **GPS :**

Machine Used : **Setting :**

No	Item Found	Condition	Est. Value
1			
2			
3			
4			
5			
6			
7			
8			
9			
10			

Notes

Map

Date : **Session :**

Location : **GPS :**

Machine Used : **Setting :**

No	Item Found	Condition	Est. Value
1			
2			
3			
4			
5			
6			
7			
8			
9			
10			

Notes

Map

Date :

Session :

Location :

GPS :

Machine Used :

Setting :

No	Item Found	Condition	Est. Value
1			
2			
3			
4			
5			
6			
7			
8			
9			
10			

Notes

Map

Date :

Session :

Location :

GPS :

Machine Used :

Setting :

No	Item Found	Condition	Est. Value
1			
2			
3			
4			
5			
6			
7			
8			
9			
10			

Notes

Map

Date :

Session :

Location :

GPS :

Machine Used :

Setting :

No	Item Found	Condition	Est. Value
1			
2			
3			
4			
5			
6			
7			
8			
9			
10			

Notes

Map

Date :

Session :

Location :

GPS :

Machine Used :

Setting :

No	Item Found	Condition	Est. Value
1			
2			
3			
4			
5			
6			
7			
8			
9			
10			

Notes

Map

Date :

Session :

Location :

GPS :

Machine Used :

Setting :

No	Item Found	Condition	Est. Value
1			
2			
3			
4			
5			
6			
7			
8			
9			
10			

Notes

Map

Date : **Session :**

Location : **GPS :**

Machine Used : **Setting :**

No	Item Found	Condition	Est. Value
1			
2			
3			
4			
5			
6			
7			
8			
9			
10			

Notes

Map

Date : **Session :**

Location : **GPS :**

Machine Used : **Setting :**

No	Item Found	Condition	Est. Value
1			
2			
3			
4			
5			
6			
7			
8			
9			
10			

Notes

Map

Date : **Session :**

Location : **GPS :**

Machine Used : **Setting :**

No	Item Found	Condition	Est. Value
1			
2			
3			
4			
5			
6			
7			
8			
9			
10			

Notes

Map

Date :

Session :

Location :

GPS :

Machine Used :

Setting :

No	Item Found	Condition	Est. Value
1			
2			
3			
4			
5			
6			
7			
8			
9			
10			

Notes

Map

Date : **Session :**

Location : **GPS :**

Machine Used : **Setting :**

No	Item Found	Condition	Est. Value
1			
2			
3			
4			
5			
6			
7			
8			
9			
10			

Notes

Map

Date : | **Session :**

Location : | **GPS :**

Machine Used : | **Setting :**

No	Item Found	Condition	Est. Value
1			
2			
3			
4			
5			
6			
7			
8			
9			
10			

Notes

Map

Date :

Session :

Location :

GPS :

Machine Used :

Setting :

No	Item Found	Condition	Est. Value
1			
2			
3			
4			
5			
6			
7			
8			
9			
10			

Notes

Map

Date :

Session :

Location :

GPS :

Machine Used :

Setting :

No	Item Found	Condition	Est. Value
1			
2			
3			
4			
5			
6			
7			
8			
9			
10			

Notes

Map

Date :

Session :

Location :

GPS :

Machine Used :

Setting :

No	Item Found	Condition	Est. Value
1			
2			
3			
4			
5			
6			
7			
8			
9			
10			

Notes

Map

Date : **Session :**

Location : **GPS :**

Machine Used : **Setting :**

No	Item Found	Condition	Est. Value
1			
2			
3			
4			
5			
6			
7			
8			
9			
10			

Notes

Map

Date : **Session :**

Location : **GPS :**

Machine Used : **Setting :**

No	Item Found	Condition	Est. Value
1			
2			
3			
4			
5			
6			
7			
8			
9			
10			

Notes

Map

Date : **Session :**

Location : **GPS :**

Machine Used : **Setting :**

No	Item Found	Condition	Est. Value
1			
2			
3			
4			
5			
6			
7			
8			
9			
10			

Notes

Map

Date : **Session :**

Location : **GPS :**

Machine Used : **Setting :**

No	Item Found	Condition	Est. Value
1			
2			
3			
4			
5			
6			
7			
8			
9			
10			

Notes

Map

Date : **Session :**

Location : **GPS :**

Machine Used : **Setting :**

No	Item Found	Condition	Est. Value
1			
2			
3			
4			
5			
6			
7			
8			
9			
10			

Notes

Map

Date : **Session :**

Location : **GPS :**

Machine Used : **Setting :**

No	Item Found	Condition	Est. Value
1			
2			
3			
4			
5			
6			
7			
8			
9			
10			

Notes

Map

Date : **Session :**

Location : **GPS :**

Machine Used : **Setting :**

No	Item Found	Condition	Est. Value
1			
2			
3			
4			
5			
6			
7			
8			
9			
10			

Notes

Map

Date : **Session :**

Location : **GPS :**

Machine Used : **Setting :**

No	Item Found	Condition	Est. Value
1			
2			
3			
4			
5			
6			
7			
8			
9			
10			

Notes

Map

Date : **Session :**

Location : **GPS :**

Machine Used : **Setting :**

No	Item Found	Condition	Est. Value
1			
2			
3			
4			
5			
6			
7			
8			
9			
10			

Notes

Map

Date : **Session :**

Location : **GPS :**

Machine Used : **Setting :**

No	Item Found	Condition	Est. Value
1			
2			
3			
4			
5			
6			
7			
8			
9			
10			

Notes

Map

Date :

Session :

Location :

GPS :

Machine Used :

Setting :

No	Item Found	Condition	Est. Value
1			
2			
3			
4			
5			
6			
7			
8			
9			
10			

Notes

Map

Date : | **Session :**

Location : | **GPS :**

Machine Used : | **Setting :**

No	Item Found	Condition	Est. Value
1			
2			
3			
4			
5			
6			
7			
8			
9			
10			

Notes

Map

Date : **Session :**

Location : **GPS :**

Machine Used : **Setting :**

No	Item Found	Condition	Est. Value
1			
2			
3			
4			
5			
6			
7			
8			
9			
10			

Notes

Map

Date : **Session :**

Location : **GPS :**

Machine Used : **Setting :**

No	Item Found	Condition	Est. Value
1			
2			
3			
4			
5			
6			
7			
8			
9			
10			

Notes

Map

Date : **Session :**

Location : **GPS :**

Machine Used : **Setting :**

No	Item Found	Condition	Est. Value
1			
2			
3			
4			
5			
6			
7			
8			
9			
10			

Notes

Map

Date :

Session :

Location :

GPS :

Machine Used :

Setting :

No	Item Found	Condition	Est. Value
1			
2			
3			
4			
5			
6			
7			
8			
9			
10			

Notes

Map

Date : **Session :**

Location : **GPS :**

Machine Used : **Setting :**

No	Item Found	Condition	Est. Value
1			
2			
3			
4			
5			
6			
7			
8			
9			
10			

Notes

Map

Date : **Session :**

Location : **GPS :**

Machine Used : **Setting :**

No	Item Found	Condition	Est. Value
1			
2			
3			
4			
5			
6			
7			
8			
9			
10			

Notes

Map

Date :

Session :

Location :

GPS :

Machine Used :

Setting :

No	Item Found	Condition	Est. Value
1			
2			
3			
4			
5			
6			
7			
8			
9			
10			

Notes

Map

Date : **Session :**

Location : **GPS :**

Machine Used : **Setting :**

No	Item Found	Condition	Est. Value
1			
2			
3			
4			
5			
6			
7			
8			
9			
10			

Notes

Map

Date :

Session :

Location :

GPS :

Machine Used :

Setting :

No	Item Found	Condition	Est. Value
1			
2			
3			
4			
5			
6			
7			
8			
9			
10			

Notes

Map

Date :

Session :

Location :

GPS :

Machine Used :

Setting :

No	Item Found	Condition	Est. Value
1			
2			
3			
4			
5			
6			
7			
8			
9			
10			

Notes

Map

Date :

Session :

Location :

GPS :

Machine Used :

Setting :

No	Item Found	Condition	Est. Value
1			
2			
3			
4			
5			
6			
7			
8			
9			
10			

Notes

Map

Date : **Session :**

Location : **GPS :**

Machine Used : **Setting :**

No	Item Found	Condition	Est. Value
1			
2			
3			
4			
5			
6			
7			
8			
9			
10			

Notes

Map

Date : **Session :**

Location : **GPS :**

Machine Used : **Setting :**

No	Item Found	Condition	Est. Value
1			
2			
3			
4			
5			
6			
7			
8			
9			
10			

Notes

Map

Date : **Session :**

Location : **GPS :**

Machine Used : **Setting :**

No	Item Found	Condition	Est. Value
1			
2			
3			
4			
5			
6			
7			
8			
9			
10			

Notes

Map

Date :

Session :

Location :

GPS :

Machine Used :

Setting :

No	Item Found	Condition	Est. Value
1			
2			
3			
4			
5			
6			
7			
8			
9			
10			

Notes

Map

Date : **Session :**

Location : **GPS :**

Machine Used : **Setting :**

No	Item Found	Condition	Est. Value
1			
2			
3			
4			
5			
6			
7			
8			
9			
10			

Notes

Map

Date : **Session :**

Location : **GPS :**

Machine Used : **Setting :**

No	Item Found	Condition	Est. Value
1			
2			
3			
4			
5			
6			
7			
8			
9			
10			

Notes

Map

Date :

Session :

Location :

GPS :

Machine Used :

Setting :

No	Item Found	Condition	Est. Value
1			
2			
3			
4			
5			
6			
7			
8			
9			
10			

Notes

Map

Date :

Session :

Location :

GPS :

Machine Used :

Setting :

No	Item Found	Condition	Est. Value
1			
2			
3			
4			
5			
6			
7			
8			
9			
10			

Notes

Map

Date :

Session :

Location :

GPS :

Machine Used :

Setting :

No	Item Found	Condition	Est. Value
1			
2			
3			
4			
5			
6			
7			
8			
9			
10			

Notes

Map

Date : **Session :**

Location : **GPS :**

Machine Used : **Setting :**

No	Item Found	Condition	Est. Value
1			
2			
3			
4			
5			
6			
7			
8			
9			
10			

Notes

Map

Date :

Session :

Location :

GPS :

Machine Used :

Setting :

No	Item Found	Condition	Est. Value
1			
2			
3			
4			
5			
6			
7			
8			
9			
10			

Notes

Map

Date : **Session :**

Location : **GPS :**

Machine Used : **Setting :**

No	Item Found	Condition	Est. Value
1			
2			
3			
4			
5			
6			
7			
8			
9			
10			

Notes

Map

Date :

Session :

Location :

GPS :

Machine Used :

Setting :

No	Item Found	Condition	Est. Value
1			
2			
3			
4			
5			
6			
7			
8			
9			
10			

Notes

Map

Date :

Session :

Location :

GPS :

Machine Used :

Setting :

No	Item Found	Condition	Est. Value
1			
2			
3			
4			
5			
6			
7			
8			
9			
10			

Notes

Map

Date : **Session :**

Location : **GPS :**

Machine Used : **Setting :**

No	Item Found	Condition	Est. Value
1			
2			
3			
4			
5			
6			
7			
8			
9			
10			

Notes

Map

Date : **Session :**

Location : **GPS :**

Machine Used : **Setting :**

No	Item Found	Condition	Est. Value
1			
2			
3			
4			
5			
6			
7			
8			
9			
10			

Notes

Map

Date :

Session :

Location :

GPS :

Machine Used :

Setting :

No	Item Found	Condition	Est. Value
1			
2			
3			
4			
5			
6			
7			
8			
9			
10			

Notes

Map

Date : **Session :**

Location : **GPS :**

Machine Used : **Setting :**

No	Item Found	Condition	Est. Value
1			
2			
3			
4			
5			
6			
7			
8			
9			
10			

Notes

Map

Date : **Session :**

Location : **GPS :**

Machine Used : **Setting :**

No	Item Found	Condition	Est. Value
1			
2			
3			
4			
5			
6			
7			
8			
9			
10			

Notes

Map

Date : **Session :**

Location : **GPS :**

Machine Used : **Setting :**

No	Item Found	Condition	Est. Value
1			
2			
3			
4			
5			
6			
7			
8			
9			
10			

Notes

Map

Date :

Session :

Location :

GPS :

Machine Used :

Setting :

No	Item Found	Condition	Est. Value
1			
2			
3			
4			
5			
6			
7			
8			
9			
10			

Notes

Map

Date :

Session :

Location :

GPS :

Machine Used :

Setting :

No	Item Found	Condition	Est. Value
1			
2			
3			
4			
5			
6			
7			
8			
9			
10			

Notes

Map

Date : **Session :**

Location : **GPS :**

Machine Used : **Setting :**

No	Item Found	Condition	Est. Value
1			
2			
3			
4			
5			
6			
7			
8			
9			
10			

Notes

Map

Date : **Session :**

Location : **GPS :**

Machine Used : **Setting :**

No	Item Found	Condition	Est. Value
1			
2			
3			
4			
5			
6			
7			
8			
9			
10			

Notes

Map

Date : **Session :**

Location : **GPS :**

Machine Used : **Setting :**

No	Item Found	Condition	Est. Value
1			
2			
3			
4			
5			
6			
7			
8			
9			
10			

Notes

Map

Date : **Session :**

Location : **GPS :**

Machine Used : **Setting :**

No	Item Found	Condition	Est. Value
1			
2			
3			
4			
5			
6			
7			
8			
9			
10			

Notes

Map

Date :

Session :

Location :

GPS :

Machine Used :

Setting :

No	Item Found	Condition	Est. Value
1			
2			
3			
4			
5			
6			
7			
8			
9			
10			

Notes

Map

Date :

Session :

Location :

GPS :

Machine Used :

Setting :

No	Item Found	Condition	Est. Value
1			
2			
3			
4			
5			
6			
7			
8			
9			
10			

Notes

Map

Date : **Session :**

Location : **GPS :**

Machine Used : **Setting :**

No	Item Found	Condition	Est. Value
1			
2			
3			
4			
5			
6			
7			
8			
9			
10			

Notes

Map

Date : **Session :**

Location : **GPS :**

Machine Used : **Setting :**

No	Item Found	Condition	Est. Value
1			
2			
3			
4			
5			
6			
7			
8			
9			
10			

Notes

Map

Date : **Session :**

Location : **GPS :**

Machine Used : **Setting :**

No	Item Found	Condition	Est. Value
1			
2			
3			
4			
5			
6			
7			
8			
9			
10			

Notes

Map

Date : **Session :**

Location : **GPS :**

Machine Used : **Setting :**

No	Item Found	Condition	Est. Value
1			
2			
3			
4			
5			
6			
7			
8			
9			
10			

Notes

Map

Date :

Session :

Location :

GPS :

Machine Used :

Setting :

No	Item Found	Condition	Est. Value
1			
2			
3			
4			
5			
6			
7			
8			
9			
10			

Notes

Map

Date : **Session :**

Location : **GPS :**

Machine Used : **Setting :**

No	Item Found	Condition	Est. Value
1			
2			
3			
4			
5			
6			
7			
8			
9			
10			

Notes

Map

Date :

Session :

Location :

GPS :

Machine Used :

Setting :

No	Item Found	Condition	Est. Value
1			
2			
3			
4			
5			
6			
7			
8			
9			
10			

Notes

Map

Date : **Session :**

Location : **GPS :**

Machine Used : **Setting :**

No	Item Found	Condition	Est. Value
1			
2			
3			
4			
5			
6			
7			
8			
9			
10			

Notes

Map

Date :

Session :

Location :

GPS :

Machine Used :

Setting :

No	Item Found	Condition	Est. Value
1			
2			
3			
4			
5			
6			
7			
8			
9			
10			

Notes

Map

Date : **Session :**

Location : **GPS :**

Machine Used : **Setting :**

No	Item Found	Condition	Est. Value
1			
2			
3			
4			
5			
6			
7			
8			
9			
10			

Notes

Map

Date : **Session :**

Location : **GPS :**

Machine Used : **Setting :**

No	Item Found	Condition	Est. Value
1			
2			
3			
4			
5			
6			
7			
8			
9			
10			

Notes

Map

Date :

Session :

Location :

GPS :

Machine Used :

Setting :

No	Item Found	Condition	Est. Value
1			
2			
3			
4			
5			
6			
7			
8			
9			
10			

Notes

Map

Date : **Session :**

Location : **GPS :**

Machine Used : **Setting :**

No	Item Found	Condition	Est. Value
1			
2			
3			
4			
5			
6			
7			
8			
9			
10			

Notes

Map

Date : **Session :**

Location : **GPS :**

Machine Used : **Setting :**

No	Item Found	Condition	Est. Value
1			
2			
3			
4			
5			
6			
7			
8			
9			
10			

Notes

Map

Date : **Session :**

Location : **GPS :**

Machine Used : **Setting :**

No	Item Found	Condition	Est. Value
1			
2			
3			
4			
5			
6			
7			
8			
9			
10			

Notes

Map

Date : **Session :**

Location : **GPS :**

Machine Used : **Setting :**

No	Item Found	Condition	Est. Value
1			
2			
3			
4			
5			
6			
7			
8			
9			
10			

Notes

Map

Date : **Session :**

Location : **GPS :**

Machine Used : **Setting :**

No	Item Found	Condition	Est. Value
1			
2			
3			
4			
5			
6			
7			
8			
9			
10			

Notes

Map

Date : **Session :**

Location : **GPS :**

Machine Used : **Setting :**

No	Item Found	Condition	Est. Value
1			
2			
3			
4			
5			
6			
7			
8			
9			
10			

Notes

Map

Date :

Session :

Location :

GPS :

Machine Used :

Setting :

No	Item Found	Condition	Est. Value
1			
2			
3			
4			
5			
6			
7			
8			
9			
10			

Notes

Map

Date : **Session :**

Location : **GPS :**

Machine Used : **Setting :**

No	Item Found	Condition	Est. Value
1			
2			
3			
4			
5			
6			
7			
8			
9			
10			

Notes

Map

Date :

Session :

Location :

GPS :

Machine Used :

Setting :

No	Item Found	Condition	Est. Value
1			
2			
3			
4			
5			
6			
7			
8			
9			
10			

Notes

Map

Date : **Session :**

Location : **GPS :**

Machine Used : **Setting :**

No	Item Found	Condition	Est. Value
1			
2			
3			
4			
5			
6			
7			
8			
9			
10			

Notes

Map

Date :

Session :

Location :

GPS :

Machine Used :

Setting :

No	Item Found	Condition	Est. Value
1			
2			
3			
4			
5			
6			
7			
8			
9			
10			

Notes

Map

Date : **Session :**

Location : **GPS :**

Machine Used : **Setting :**

No	Item Found	Condition	Est. Value
1			
2			
3			
4			
5			
6			
7			
8			
9			
10			

Notes

Map

Date : **Session :**

Location : **GPS :**

Machine Used : **Setting :**

No	Item Found	Condition	Est. Value
1			
2			
3			
4			
5			
6			
7			
8			
9			
10			

Notes

Map

Date : **Session :**

Location : **GPS :**

Machine Used : **Setting :**

No	Item Found	Condition	Est. Value
1			
2			
3			
4			
5			
6			
7			
8			
9			
10			

Notes

Map

Date :

Session :

Location :

GPS :

Machine Used :

Setting :

No	Item Found	Condition	Est. Value
1			
2			
3			
4			
5			
6			
7			
8			
9			
10			

Notes

Map

Date : **Session :**

Location : **GPS :**

Machine Used : **Setting :**

No	Item Found	Condition	Est. Value
1			
2			
3			
4			
5			
6			
7			
8			
9			
10			

Notes

Map

Date : **Session :**

Location : **GPS :**

Machine Used : **Setting :**

No	Item Found	Condition	Est. Value
1			
2			
3			
4			
5			
6			
7			
8			
9			
10			

Notes

Map

Date : **Session :**

Location : **GPS :**

Machine Used : **Setting :**

No	Item Found	Condition	Est. Value
1			
2			
3			
4			
5			
6			
7			
8			
9			
10			

Notes

Map

Date : **Session :**

Location : **GPS :**

Machine Used : **Setting :**

No	Item Found	Condition	Est. Value
1			
2			
3			
4			
5			
6			
7			
8			
9			
10			

Notes

Map

Date : **Session :**

Location : **GPS :**

Machine Used : **Setting :**

No	Item Found	Condition	Est. Value
1			
2			
3			
4			
5			
6			
7			
8			
9			
10			

Notes

Map

Date : **Session :**

Location : **GPS :**

Machine Used : **Setting :**

No	Item Found	Condition	Est. Value
1			
2			
3			
4			
5			
6			
7			
8			
9			
10			

Notes

Map

Date :

Session :

Location :

GPS :

Machine Used :

Setting :

No	Item Found	Condition	Est. Value
1			
2			
3			
4			
5			
6			
7			
8			
9			
10			

Notes

Map

Date :

Session :

Location :

GPS :

Machine Used :

Setting :

No	Item Found	Condition	Est. Value
1			
2			
3			
4			
5			
6			
7			
8			
9			
10			

Notes

Map

Date :

Session :

Location :

GPS :

Machine Used :

Setting :

No	Item Found	Condition	Est. Value
1			
2			
3			
4			
5			
6			
7			
8			
9			
10			

Notes

Map

Date :

Session :

Location :

GPS :

Machine Used :

Setting :

No	Item Found	Condition	Est. Value
1			
2			
3			
4			
5			
6			
7			
8			
9			
10			

Notes

Map

Date : **Session :**

Location : **GPS :**

Machine Used : **Setting :**

No	Item Found	Condition	Est. Value
1			
2			
3			
4			
5			
6			
7			
8			
9			
10			

Notes

Map

Date :

Session :

Location :

GPS :

Machine Used :

Setting :

No	Item Found	Condition	Est. Value
1			
2			
3			
4			
5			
6			
7			
8			
9			
10			

Notes

Map

Date :

Session :

Location :

GPS :

Machine Used :

Setting :

No	Item Found	Condition	Est. Value
1			
2			
3			
4			
5			
6			
7			
8			
9			
10			

Notes

Map

Date : **Session :**

Location : **GPS :**

Machine Used : **Setting :**

No	Item Found	Condition	Est. Value
1			
2			
3			
4			
5			
6			
7			
8			
9			
10			

Notes

Map

Printed in Great Britain
by Amazon

33665255R00073